1. PREÁMBULO

Vivimos en tiempos disruptivos. Son días donde la imaginación no termina de soñar, para darnos cuenta que estamos despiertos. Ha llegado la hora de tomar parte activa en la construcción de una forma de gobierno que de voz y voto a todas la personas del mundo por igual.

Construiremos una sociedad democrática y descentralizada basada en la creatividad, cooperación y equidad.

Golden Cloud Token [GCT2]

(https://www.goldencloudtoken.com) desarrolla su **moneda digital [GCT2]** (ID: 9DYPDwvwxmUjtdKtEdfk8eUMmG43H1G8 AUBpYoiZcPc3) con el fin de eliminar el control de un gran superpoder o industria de cualquier mercado, pudiendo construir una sociedad más justa e igual en oportunidades. Esta acción se acomete tras detectar los siguientes fallos en el sistema económico y político actual:

A) **El modelo capitalista en base a la deuda**, creando agentes "dueños del mercado", por no poder desaparecer o quebrar. Son anomalías que dominan el crecimiento.

B) **La creación de dinero opaco en los bancos**, a partir del préstamo de dinero a agentes seguros simultáneamente (prestar el mismo dinero más de una vez en el mismo tiempo a partir del mismo capital)

C) **Pseudo-Democracia:** La democracia representativa no es democracia, es representación.

Existe ya una tecnología capaz de abaratar los costes de la clase política convirtiendo a cada ciudadano en su propia voz en el parlamento o asamblea. Gracias a blockchain es posible desarrollar la democracia verdadera en cualquier parte del mundo. La democracia solo funciona cuando participas, pero te da voz y el control de tu ámbito.

Mientras no participemos en otras formas de financiación, no paliaremos la **desigualdad** y la **explotación en el mundo.** Por suerte, hace ya unos pocos años la invención de las criptomonedas está **tejiendo un nuevo sistema bancario.**

Golden Cloud mediante el desarrollo de una **plataforma descentralizada** que permite la inversión o ahorro entre particulares con el fin de articular una economía democrática, plena de oportunidades, dinámica y social.

Incentivamos el **emprendimiento**, la **investigación**, el pensamiento crítico y la desobediencia ante situaciones injustas. Únete a nuestra asamblea y grupos de trabajo globales.

Construye P2P Banking de Golden Cloud [GCT2] y la Democracia Asamblearia Digital basada en Blockchain.

Construyamos la sociedad que queremos tener entre todos. Y hagámoslo ahora.

<u>Información técnica de Golden Cloud Token [GCT2]</u>

Nombre / Símbolo:	Golden Cloud Token / GCT2
Algorithm:	Waves Platform
Token Supply:	3.500.000.000,00000000
Max Supply:	3.250.000.000,00000000

Circulating:	2.000.000,00000000
Decimal:	8
Commission:	0.001 WAVES
Block Time / Type of mining:	1 min / POS

https://wavesexplorer.com/tx/9DYPDwvwxmUjtdKtEdfk8eU
MmG43H1G8AUBpYoiZcPc3

El siguiente manifiesto se articula en tres partes:

I)   PARTE I: VALORES HUMANÍSITICOS. MODELOS PROPUESTOS.

II)   PARTE II: ORGANIZACIÓN DE LOS GRUPOS.

III)   PARTE III: ORGANIZACIÓN ECONÓMICA.

IV)   PARTE IV: ESTO NO ES EL FINAL.

PARTE I: VALORES HUMANÍSITCOS . MODELOS PROPUESTOS.

GCT2. ESENCIA Y FILOSOFÍA

En Golden Cloud Token el individuo es identificado por su número de cartera. Cada colaborador es representante oficial de GCT2 es representante de sí mismo y de nadie más. Eliminamos por tanto el concepto de "representatividad" por ser falso e ingenuo, interesado y populista.

GCT2 tendrá coordinadores de proyecto temporales, si en su conjunto es propuesto y elegido mediante referéndum como portavoz del movimiento por la asamblea para llevar a cabo tareas.

El coordinador temporal perderá sus privilegios como colaborador de GCT2 en el desempeño de su cargo como coordinador en las tareas encomendadas.

Golden Cloud Token es una plataforma basada en Blockchain para promover la Democracia Asamblearia Digital y la Banca Desintermediada (P2P BANKING)

DERECHOS BÁSICOS

Por el hecho de poseer una cartera de GCT2/WAVES con un GCT2 alojado en dicha cartera, y al menos 0.001 WAVES, el usuario de GCT2 tendrá los siguientes derechos:

- Derecho de voto
- Derecho de propuesta, manifestación, prensa y libertad
- Derecho de inversión en P2P BANKING
- Derecho de representación propia, es decir, no se podrá representar a este individuo salvo previa autorización por parte de este. En concordancia con el principio básico de no representatividad de la Democracia Asamblearia Digital.

Se puede participar en los grupos de trabajo sin comprar GCT2: obteniendo mediante trabajos simples un GCT2. De esta forma permitimos la inclusión de personas sin recursos económicos en la Democracia Asamblearia Digital.

Se permite e incentiva la solidaridad para el envio de GCT2 a carteras de personas sin recursos mediante un concurso solidario que premia la solidaridad.

Del mismo modo, se podrá conseguir varios GCT2 y cambiarlos por WAVES para obtener la cantidad suficiente de WAVES como para pagar las cuotas del sistema (Fees)

MODELO DE ECONOMÍA COLABORATIVA DESCENTRALIZADA

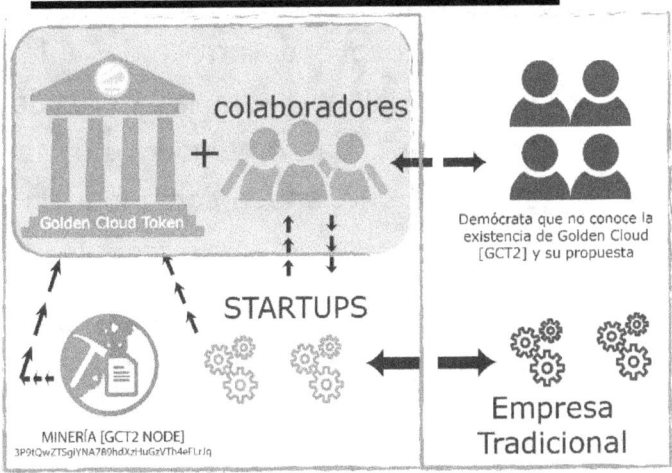

Golden Cloud Token [GCT2] trabaja en la Blockchain de Waves, ya que consideramos que el momento de crear una blockchain privada, así como el número de mineros mínimos garantizados, la carteras de génesis, el reparto de costes y beneficios, etc. deberán ser determinados por amplia mayoría de 4/5 mediante asamblea, tras una larga discusión entre los colaboradores de GCT2 acerca de la propiedad de este sistema de gobierno, siendo lo ideal el desarrollo de múltiples versiones adaptadas a las necesidades locales de cada comunidad, no siendo esto más que una recomendación del autor.

La economía de GCT2 se sostendrá sobre cuatro pilares:

    A) Startups
    B) Minería
    C) Colaboradores
    D) Par GCT2/WAVES

StartUps:

Las StartUps podrán inscribirse en el mercado de economía colaborativa mediante dos formas:

- **Mediante el pago de 20.000 GCT2:** Tras completar el formulario tras el botón "Lista tu Token", donde se darán los principales datos del criptoactivo así como la actividad del proyecto, se procederá al pago de 20.000 GCT2, los cuales se destinarán de la siguiente manera: 50% dedicado a fondos sociales y 50% destinado a gestión y pagos de Fees del sistema.

- **Inscribiéndose en GCT2:** Opción gratuita y automática. Será necesario el registro en el Área de P2P BANKING para listar tu token gratis en GCT2 Labs. Si tu token recibe 10.000 votos positivos, listaremos tu token de manera gratuita en nuestra cartera junto a BTC, ETH, WAVES, GCT2 y las principales monedas del mercado P2P BANKING

<u>Minería:</u> La minería se alimentará con los WAVES de cualquier dirección, y se repartirá en los porcentajes determinados en el apartado de minería de la web oficial de GCT2 y en el hilo correspondiente a nuestra mina [GCT2 node] en el fórum de WAVES. (https://forum.wavesplatform.com/t/go lden-cloud-node-gct2-https-www-goldencloudtoken-com/5534/2)

Los fondos generados por la mina se destinarán a:

 a) Reparto de GCT2 entre los mineros

b) Pago de Fees del sistema y Gestión

c) Inversión y atracción de talento (P2P BANKING)

Colaboradores:

Los colaboradores recibirán pagos por uno de estos motivos:

- Pagos por trabajos realizados
- Promoción de valores acordes con GCT2 y su comunidad aprobados por asamblea
- Pago de gastos derivados de fines pacíficos y democráticos, que devuelvan la justicia a quien los reclama, aprobados y/o alcanzados mediante referéndum
- A fondo perdido (previa aprobación de la asamblea por mayoría amplia de 7/10 partes o más) por una causa afín a los valores de GCT2

- Airdrops. Posible implementación de un Salario Básico para todos los colaboradores de GCT2 si se aprueba esta medida por referéndum en asamblea.

Los colaboradores deberán:

- Nunca deberán trabajar gratis
- Trabajar y/o colaborar solo en aquellos proyectos en los que puedan aportar ideas constructivas. Ser proactivos.
- Defender la Democracia Asamblearia Digital, por ser cada uno de ellos esa manifestación de libertad.

Par GCT2/WAVES:

El par GCT2/WAVES es el último pilar de la economía, ya que una diferencia elevada entre el coste de GCT2 y WAVES al punto de mantener insostenibles las Fees (actualmente menores de 1 céntimo de euro) obligarán a la creación de una Blockchain privada para garantizar su existencia.

Actualmente únicamente cotiza en el DEX de WAVES.

P2P BANKING: MODELO DE BANCA DESINTERMEDIADA,

LA BANCA SIN BANCOS.

Cuando una Startup tiene ya un producto o servicio definido, lo que desea es:

- Conseguir una audiencia masiva
- Comerciales / Sponsors/ Empleados
- Inversores y promotores para su proyecto
- Publicidad. Trabajos de marketing y networking
- Asesoría fiscal, financiera y estratégica

En el sistema tradicional una Startup deberá acudir a Bussines Angels, un inversor particular o a la banca tradicional (de todas las opciones mostradas, esta es la menos mala). En nuestro sistema de P2P BANKING una startup deberá desarrollar su propio token en la plataforma WAVES (Coste desarrollo del token: 1 WAVES) y entregar a GCT2 el porcentaje de los tokens que considere para su reparto (al menos el 10%) entre nuestros colaboradores registrados en el momento de entrega. El reparto será proporcional al número de GCT2 que la cuenta creadora del token posea en el momento de la entrega.

Crearemos un grupo de trabajo para cada startup con el fin de satisfacer las necesidades de las startups antes citadas, y defenderemos los derechos de los colaboradores de estos grupos de trabajo. Golden Cloud Token [GCT2] también ayudará y colaborará con la startup en la medida en que la startup desee.

Golden Cloud Token [GCT2] no cobrará impuestos a los colaboradores ni a las empresas, sin embargo tomará un 5% de cada "dirección de financiación de propuestas" con el fin de sostener el propio sistema y redistribuir la riqueza a escala global entre los colaboradores, con el fin de procurar la mayor igualdad posible dentro de la comunidad. El principal valor de GCT2 no será el dinero, será el conocimiento. El porcentaje del 5% será estimativo, y no se cobrará hasta que sea decidido mediante referéndum por la Asamblea Democrática Digital.

En caso de aprobar un salario básico, es posible que este porcentaje sea insuficiente para garantizar dicho salario base digno. GCT2 no tiene un número máximo de colaboradores pues su token puede re-editarse. En cualquier caso la creación de nuevos GCT2 deberá ser aprobada por la asamblea mediante referéndum con una proporción de 4/5.

La principal ventaja para las startups consiste en la promoción gratuita, el aumento de las transacciones con su token, así como la alianza con Golden Cloud Token, apareciendo en la portada de su web, así como en su cartera y funciones descentralizadas.

Para introducir una startup en P2P BANKING deberán seguirse una de las dos opciones indicadas en el MODELO DE ECONOMÍA COLABORATIVA DESCENTRALIZADA: Startups.

PARTE II:
ORGANIZACIÓN

DE LOS GRUPOS

GRUPOS DE TRABAJO GLOBALES

Golden Cloud Token no es un Estado ni una asociación sin ánimo de lucro. Golden Cloud no responde a ningún gobierno ni al interés particular de ninguna empresa. Entendemos los Estados como una convección social anticuada que no genera más que problemas a los distintos habitantes del mundo, pues los diferencia por lugares y tienen una estructura de representación obsoleta.

Golden Cloud Token [GCT2] es una comunidad organizada que lucha por la Democracia Asamblearia Digital basada en Blockchain y la Banca Desintermediada. En Golden Cloud Token todos los colaboradores tienen voz y voto propios, ya que consideramos la libertad como el mayor valor de la humanidad, es por eso que consideramos absurdo imponer una jerarquía vertical.

Nuestros grupos de trabajo son democráticos y asamblearios. La decisión se tomará mediante "Referéndum Digitales" en el portal de Golden Cloud (https://www.goldencloudtoken.com).
Promovemos la paz, el diálogo

constructivo, la democracia asamblearia sin representación, el feminismo y la revolución tecnológica provocada por el desarrollo de Blockchain y las criptomonedas.

Todos y cada uno de los procesos que afecten a la formación de los Grupos de Trabajo se discutirán durante la celebración del "Proceso Constituyente", y podrán modificados siempre que la asamblea apruebe su remodelación por una mayoría de 3/5.

Todos los miembros de GCT2 son iguales en cuanto a las normas dispuestas por referéndum, remuneración por sus trabajos y obligaciones asumidas en la asamblea, y tienen el derecho y deber de promover que así sea.

COMENZAR A SER COLABORADOR

Para comenzar a ser colaborador, bastará con poseer un GCT2 en tu cuenta. También deberás poseer al menos 0.001 WAVES (menos de un céntimo de euro) para poder mover y usar tus GCT2 ya que nos movemos en la blockchain de WAVES.

No se podrán comprar ni vender cargos para organizar los equipos. La estructura de los equipos es horizontal y se organizará según actividades o proyectos, lo que obligará a la rotación de cargos y por consiguiente, la empatía con aquellos trabajos más duros. Estamos cansados de políticos que cobran por aplaudir, mentir, y hablar de sí mismos.

De acuerdo con el párrafo anterior y sin contradecir el principio de igualdad como base para la comunidad de GCT2, para el desarrollo de proyecto o tareas existirá una organización conforme con el siguiente esquema de responsabilidades:

- **Ideólogos y técnicos:** Encargados de la concepción de la idea y la estrategia. Inteligencia. Cobrarán el 20% de los fondos destinados al proyec**to**

- **Coordinadores:** Se encargarán de transformar las ideas de los ideólogos y técnicos en un plan pautado y con objetivos. Repartir el trabajo entre los colaboradores: Cobrarán el 30% de los fondos destinados al proyecto

- **Colaboradores:** Se encargarán de materializar las ideas, fases y propuestas de los coordinadores. Se premiará la iniciativa propia siempre que no perjudique la imagen de GCT2, tras ser debatido en asamblea. Los coordinadores cobrarán el 50% de los fondos destinados al proyecto.

Por tanto, para comenzar a colaborar en Golden Cloud Token [GCT2] es necesario seguir los siguientes pasos:

- Crear una cuenta gratuita en GCT2 (https://www.goldencloudtoken.com) en el apartado 'WALLET', con la que obtendrás el número de cartera necesario para acreditar tu existencia y recibir tus pagos.

- Adquirir GCT2 y WAVES. Recomendamos que la proporción sea de 1000 GCT2 : 1 WAVES, ya que las comisiones del sistema son 0.001 WAVES. De esta manera, por cada WAVES podremos realizar 1.000 transacciones con GCT2

*Pueden adquirirse GCT2 en la proporción que se desee si su intención es invertir en Startups alojadas en el área de P2P BANKING. Si usted no es un inversor, limítese a comprar GCT2 en las proporciones antes citadas.

- Unirse a los canales de Telegram habilitados para proponer, organizar y defender la Democracia Asamblearia Digital como nueva forma de gobierno.

- Una vez creada su cartera, solo usted podrá acceder a ella, por tanto NO se puede recuperar. Deberá guardar en un lugar seguro su SEED (contraseña de 15 palabras) Si tiene dudas, recomendamos visitar nuestro apartado FAQS para comprender el funcionamiento antes de realizar ninguna acción.

GRADOS DE PARTICIPACIÓN

Todos los usuarios de GCT2 tienen los mismos derechos y obligaciones, no teniendo que obedecer ninguna orden ya que "creemos que la humanidad puede colaborar conjuntamente en pequeños grupos de acuerdo con sus intereses".

Con el fin de garantizar el orden, la democracia asamblearia digital constará de dos canales de discusión:

- **Vía urgente:** Mediante la solicitud de un referéndum pagando las cuotas del sistema (fijadas por referéndum)

- **Vía ordinaria:** Mediante la discusión en pequeños grupos y subgrupos organizados por comunidades o proyectos acerca de la propuesta final que se listará en el apartado de "Asamblea" para recaudar fondos para dicho proyecto, pudiendo financiar de esta manera una nueva Startup que se incorporaría al área de P2P BANKING, si así lo desease la nueva empresa, o proyecto sociales en áreas deprimidas, la lucha contra dictaduras u otras zonas o proyectos que amenazan la Democracia Asamblearia Digital.

PARTE III: ORGANIZACIÓN ECONÓMICA

EMPRENDER CON GCT2 EN EL MERCADO DE ECONOMÍA COLABORATIVA: COMENZAR A SER UNA STARTUP

Previo al listado de la StartUp, este entregará el porcentaje que convenga a GCT2, siendo el mínimo el 10%, para el reparto de estos token entre los colaboradores registrados en el momento de la entrega de tokens. La entrega será proporcional al número de GCT2 que la StartUp posea.

Los colaboradores tendrán libre disposición a hacer con esos tokens lo que convengan (venderlos, guardarlo o quemarlos)

Los colaboradores podrán crear su propio token en la plataforma WAVES y tener una doble función "colaborador-Startup". Esta relación se detalla minuciosamente en "La Teoría del Cliente Productor", que publicaremos próximamente en los grupos de trabajo de GCT2

Los colaboradores considerarán si deciden apoyar a una startup o no, a todas o a ninguna. Las startup verán incrementadas sus transacciones diarias gracias al contacto con nuestros colaboradores

HOJA DE RUTA

a) FASE 1: 2018
   a. Creación Wallet
   b. Creación Web oficial
   c. Puesta en marcha "P2P BANKING"
   d. Puesta en marcha "Mina: GCT2 node" Dirección: 3P9tQwZTSgiYNA789hdXzH uGzVTh4eFLrJq
b) FASE 2: 2019
   a. Puesta en marcha "Democracia Asamblearia Digital"

b. Construir tejido empresarial (+ 200 Startups)
c. Listado de GCT2 en grandes Exchanges
d. Redacción y aprobación de Constitución Global por asamblea basada en Blockchain. Desarrollo de Grupos de Trabajo Globales – GCT2
e. Aprobación de una "Constitución global" que determine el funcionamiento de la banca desintermediada (P2P BANKING) y de la Democracia Asamblearia Digital por mayoría de 4/5 de la comunidad de GCT2
f. Plan de prevención contra el terrorismo machista

c) FASE 3: 2020

    a. Celebración de elecciones.

    b. Plan de prevención contra el racismo, la homofobia y la xenofobia

    c. Votación del fork (posible creación de Blockchain privada)

    d. Actualización Wallet

    e. Inicio de actividades en el Sector Energético

    f. Inicio de actividades en el Sector Inmobiliario

    g. Apertura de propuestas para tener agua potable garantizada en todo el mundo

d) FASE 4: 2021

    a. Pasarela de compra / Desarrollo de un mercado con bienes físicos basado en Blockchain e impresión 3D

b. Incursión del movimiento asambleario en las instituciones de gobierno: Creación de Plataformas de Ciudadanos en distintos países con el fin de llevar la Democracia Asamblearia Digital a sus instituciones, de manera pacífica, democrática y moderada.

e) FASE 5: 2022

a. Plan contra el Hambre Global

b. Plan por los Derechos Humanos Global

INGRESOS ESTIMADOS

Debido al cuarto pilar del modelo económico, el par GCT2/WAVES, los ingresos estarán condicionados a la diferencia entre el precio de GCT2 y de WAVES, siendo mayores cuanto menor sea esta diferencia, ya que esta es la principal responsables de los gastos del sistema (Fees)

Se estima que 1 GCT2 ascienda a 6$ por los siguientes motivos:

- Aumento de valor relativo de WAVES y GCT2 por ser este esencial para el funcionamiento de la plataforma basada en blockchain por la Democracia Asamblearia Digital

- Incrementando la actividad económica ligada a GCT2 y WAVES mediante la banca desintermediada P2P BANKING, permitiendo un ecosistema de pequeños productores innovando constantemente como nunca antes hubo.
- Aumento del precio de GCT2 al ser comprados por lobbies con el fin de influir en la toma de decisiones. Desarrollaremos una estrategia en el "Grupo de Inteligencia y Desarrollo" con el fin de defender el sistema, garantizando que una persona equivale a un voto.

RESERVA DE FONDOS DE GCT2

Existen 3.500.000.000 de GCT2, los cuales pondremos en circulación por completo en un periodo máximo de 10 años. El reparto previo al referéndum que determine los presupuestos se articula de la siguiente forma:

- 50.000.000 GCT2 en Airdrops, recompensas y token de motivación a nuestros colaboradores

- 1.250.000.000 GCT2 para venta e inversión en startups (P2P BANKING)
- 500.000.000 GCT2 para el funcionamiento y proyectos derivados de la Democracia Asamblearia Digital impulsados por la comunidad de Golden Cloud Token [GCT2]
- 1.700.000.000 GCT2 para fondos propios de la organización, como fondo de reserva, con perspectivas de elaborar un plan de acción global aprobado mediante referéndum con hitos concretos situados en un plazo máximo de 10 años.

RESERVA DE FONDOS

Democracia Asamblearia Digital

Airdrops y pago colaboradores

Fondos de reserva

Startups

MODELO DE DISTRIBUCIÓN

Se dará un token de bienvenida a cada persona que:

- Se liste en un grupo de trabajo e indique su cartera de GCT2/WAVES
- Realice un trabajo sencillo de promoción de GCT2

- Entregue sus datos identificativos (email, teléfono y/o huella dactilar) para elaborar un censo en GCT2.

Los GCT2 también podrán donarse entre usuarios para facilitar la existencia de clases desfavorecidas al sistema. Al final de año habrá un concurso que premie la solidaridad mediante GCT2.

Una vez agotados la parte destinada de los 50.000.000 de GCT2 a airdrops, no habrá más reparto gratuito de GCT2.

Para recibir un GCT2 gratis, puedes listarte apuntarte mientras exista reparto gratuito de GCT2 en una de estas direcciones:

- Grupo de trabajo global: https://t.me/joinchat/JkSEzhOH7veqeo3R7gztKQ
- Canal Airdrop en el fórum de WAVES:

https://forum.wavesplatform.com/t/gct2-waves-p2p-banking-bye-bye-banks-we-will-democratize-the-economy-airdrop-and-description/5115

- Canal GCT2 – Work Channel Group: https://forum.wavesplatform.com/t/gct2-global-work-channel-https-www-goldencloudtoken-com/6393

JUSTICIA MONETARIA Y LABORAL

Una vez terminada la ronda de airdrops no habrá más GCT2 gratis para ningún colaborador registrado, pudiendo no repartirse por completo, quemarlos o destinarlos a fines aprobados mediante referéndum en la Asamblea Democrática Digital.

Las startups intercambiarán con GCT2 sus token con el fin de ser promocionados en el sistema, si así lo desean, así como financiar la

Democracia Asamblearia Digital a partir de la cual ellos consiguen colaboradores que les promocionan por la distintas redes sociales.

Las condiciones laborales se fijarán por referéndum, distinguiendo en un primer momento los siguientes grupos de trabajo:

- Global
- Europa
- África
- Asia
- América
- Oceanía
- Inteligencia y Desarrollo
- Defensa
- Justicia Interna

Determinaremos por referéndum la forma más apropiada de coordinarnos, gozando cada grupo o comunidad de autonomía e independencia siempre y cuando defiendan los valores de la

Democracia Asamblearia Digital y a su comunidad al completo.

EL PRINCIPIO DE COOPERACIÓN. CONFLICTOS DE INTERÉS

Los grupos de trabajo podrán proponerse por cualquier miembro, así como comenzar a funcionar, siendo necesario su comunicación a GCT2 para ser incluido como grupo de trabajo independiente, contabilizar su trabajo y recibir GCT2. Todos los grupos independientes que trabajen sin la aprobación de GCT2 no podrán recibir remuneración por su trabajo, al entender que desarrollan un proyecto propio. La aprobación se enviará mediante un GCT2 con un comentario que contenga un código, único e intransferible. Si este código se malversa o pierde, llevaremos a los colaboradores implicados ante el "grupo de trabajo de Justicia interna", para determinar su sanción.

En ningún caso se podrá expulsar del sistema a un colaborador. La democracia solo funciona si todos participan.

Los grupos de trabajo tendrán al menos un 15% de administradores, a excepción de ciertos canales propios del "grupo de trabajo de inteligencia y desarrollo", que dispondrá de chats secretos, espías y un equipo de ataque informático para emergencias en la red.

Pedimos a cualquier colaborador de GCT2 a denunciar cualquier comportamiento autoritario, belicista, racista, xenófobo, homófobo, machista o cualquier otro comportamiento contrario a la filosofía de Golden Cloud Token [GCT2] y la Democracia Asamblearia Digital. Para ello habilitamos el email abuse@goldencloudtoken.com para luchar contra la corrupción interna, los abusos de poder y el autoritarismo, siendo estos los principales males de los grupos de trabajo.

CONTRIBUCIÓN DE RECURSOS DE GCT2

Golden Cloud Token [GCT2] proporcionará:

- Un medio de registro de la identidad y la propiedad: Garantizaremos mediante la blockchain la existencia de personas en países empobrecidos, donde grandes corporaciones expropian sus tierras sin contraprestación, dejando a estas personas sin propiedades por no poder acreditar ni su existencia, ni por tanto, su propiedad. Creemos que defender a estar personas fortalecerá P2P BANKING, además de enriquecer a sus implicados, ya que la situación actual es la de saqueo.

- Una banca desintermediada que sustituirá un sistema bancario en esos países donde no existe infraestructura bancaria, y permitirá en países desarrollados la introducción al modelo de economía colaborativa que fomenta P2P BANKING de GCT2.

- Un modelo de democracia asamblearia digital basada en blockchain con muy bajos costes, extrapolables a países donde el coste de la clase política sea mucho mayor al del sistema propuesto o en aquellos países donde se rechace el concepto de "representatividad" por no ser este real.

- Una inversión constante de capital generado a partir de la atracción del talento, porque la historia ha demostrado que la ciencia, el arte y la investigación, a pesar de generar inmensos ingresos, tienen una finalidad por parte de sus creadores mucho más trascendental e importante que la de acaparar grandes masas de dinero.

- Una economía global sin esclavitud, abusos entre países ni guerras mundiales, pues son estas la máxima manifestación de los "Estados tradicionales" en su colapso.

- Una economía exponencialmente más participativa y con menores gastos de gestión, lo que aumentará la riqueza individual al eliminar intermediarios como la clase política y empresas obsoletas. Esta economía también será inquebrantable y única. No se podrá defraudar ni ocultar fondos gracias a la transparencia inherente a blockchain. Tampoco se podrá corromper por el mismo motivo pues por primera vez introduciremos el concepto de "verdad matemática" en los mercados.

- El inicio de un sistema "multi-capitalista", con miles de comunidades democráticas intercambiando bienes entre sí. Compitiendo en un mercado basado en blockchain, con "ballenas mucho más pequeñas" ante la masificación del mercado y su eminente voluntad social.

PARTE IV: ESTO NO ES EL FINAL.

PREVISIONES A CORTO, MEDIO Y LARGO PLAZO

Esta es una alternativa al capitalismo y al comunismo que se inspira en la democracia griega como base, no la actual "democracia representativa", para dar poder al individuo a partir de la descentralización posible gracias a blockchain. En España ni se nombra así, aquí hablamos de "Monarquía parlamentaria". El cambio es urgente y necesario ante el desgaste de la clase política y las nuevas formas más rentables y eficientes de organizar la sociedad.

Tras el estudio del ser humano, comprobamos que las personas cuando se han juntado por una causa justa han sabido convencer pacíficamente, sin grandes discursos, simplemente mostrando que eso que defiende tanta gente es defendido porque es mejor.

Personalmente pienso que es necesaria una plataforma de carácter global que agrupe todas las personas inteligentes, comprometidas y demócratas con el fin de construir una nueva forma de gobierno y una nueva teoría económica, fundamentados en la libertad, la democracia y la justicia social.

A corto plazo, el impacto de Golden Cloud Token [GCT2] se medirá por su rentabilidad.

A medio plazo, el impacto de Golden Cloud Token [GCT2] se medirá por el cambio en la mentalidad.

A largo plazo, el impacto de Golden Cloud Token [GCT2] se medirá en términos de Democracia Asamblearia Digital y Banca desintermediada.

Álvaro M.V
Fundador de Golden Cloud Token [GCT2]
Primer Coordinador General de Golden Cloud Token [GCT2]
21 de Diciembre de 2018. Nacimiento de la Democracia Asamblearia Digital.